Cerddi

Gwyffennaf 2012

i Rhys a Nest

cofion gorau

oddi wrth

Angharad

Cerddi
rhigymau a sonedau

T. H. PARRY-WILLIAMS

2011

Cyhoeddwyd yn 2011 gan Wasg Gomer,
Llandysul, Ceredigion SA44 4JL.

ISBN 978 1 84851 356 3

© Hawlfraint y cerddi: Ystad T. H. Parry-Williams, 2011 ⓗ
© Hawlfraint y rhagymadrodd: Angharad Price, 2011 ⓗ

Cedwir pob hawl. Ni chaniateir atgynhyrchu unrhyw
ran o'r cyhoeddiad hwn na'i gadw mewn system
adferadwy, na'i drosglwyddo mewn unrhyw ddull,
na thrwy unrhyw gyfrwng, electronig, electrostatig,
tâp magnetig, mecanyddol, ffotogopïo, recordio, nac
fel arall, heb ganiatâd ymlaen llaw gan y cyhoeddwyr.

Dymuna'r cyhoeddwyr gydnabod
cymorth Cyngor Llyfrau Cymru.

Argraffwyd a rhwymwyd yng Nghymru
gan Wasg Gomer, Llandysul, Ceredigion.

Rhagymadrodd

Dim ond ffŵl fyddai'n meiddio ysgrifennu rhagair i un o 'glasuron' barddonol yr ugeinfed ganrif. Bydd unrhyw beth a ddywedir, rywsut neu'i gilydd, yn annigonol. At hynny, mae dyrchafu cyfrol yn glasur yn cymryd yn ganiataol bod 'pawb yn gwirioni'r un fath', ac i mi, un o ogoniannau llenyddiaeth yw'r rhyddid y mae'n ei roi i bawb wirioni yn wahanol. Ac nid ar chwarae bach y mae cymryd chwaeth diwylliant cyfan yn ganiataol, heb sôn am ragdybio bod y chwaeth honno'n mynd i barhau'n ddigyfnewid trwy holl newidiadau'r diwylliant ei hun.

Go anodd hefyd yw ysgrifennu rhagair i gyfrol gynnar gan fardd o bwys, am fod y cynnyrch diweddarach yn pwyso'n ôl ar y gwaith, gan roi pwys i linellau a geiriau na fodolai adeg eu cyfansoddi. Tybir, rywsut, fod bywyn gyrfa gyfan ynghudd ym mhob cerdd.

Mae'r holl ystyriaethau hyn yn arbennig o wir am *Cerddi* T. H. Parry-Williams. Dyma gyfrol gyntaf un o feirdd Cymraeg mwyaf adnabyddus yr ugeinfed ganrif, ac ynddi hi hefyd y ceir y nifer mwyaf o gerddi eiconig y bardd eiconig hwn.

Mae ymadroddion a llinellau a chwpledi llawer o'r cerddi a geir ynddi wedi dod yn rhan o wead yr iaith Gymraeg erbyn heddiw; daethant mor gyfarwydd inni ag adnodau o'r Beibl neu ddiarhebion – os nad yn wir yn fwy cyfarwydd na'r rheiny.

Yn rhan gyntaf y gyfrol ceir casgliad o rigymau y mae rhai ohonynt yn dra adnabyddus erbyn hyn. Cynhwysa llawer o'r rhain gwpledi gwirebol tra chyfarwydd, megis cwpled agoriadol 'Yr Esgyrn Hyn':

Beth ydwyt ti a minnau, frawd,
Ond swp o esgyrn mewn gwisg o gnawd?

Neu dyna gwpled agoriadol pedwaredd ran y rhigwm 'Celwydd':

Gwae ni ein dodi ar dipyn byd
Ynghrog mewn ehangder sy'n gam i gyd . . .

Yn *Cerddi* hefyd y ceir y gyfres o rigymau a gyfansoddodd Parry-Williams ar ei fordaith hynod i Dde America yn 1925, llawer ohonynt, yn ôl tystiolaeth ei ddyddlyfr taith, wedi eu creu ar un gwynt, fel petai. Mae llinellau ynddynt hwythau'n hynod gyfarwydd inni bellach:

> Pwy a edrydd ynfydrwydd ei chanu'n iach,
>   Neu'r ofn a ddaeth im wrth bitïo
> Penwendid y ferch â'r llygoden wen –
>   Y ferch ar y cei yn Rio?
>   'Y Ferch ar y Cei yn Rio'

Mae yna ymdeimlad o anghenraid mewn cwpledi o'r fath sy'n cydio yn y meddwl, yn union fel y gall alaw gydio weithiau, a'r gwrandawr yn teimlo i'r alaw honno fodoli erioed, ymhell cyn iddo ei chlywed. Yn achos Parry-Williams, mae a wnelo'r ddawn hon lawn cymaint â'i arbenigedd ieithyddol ag unrhyw athrylith farddonol. Astudiodd ddatblygiad ei iaith ei hun dros y canrifoedd, ond gwrandawodd hefyd ar iaith ei oes ei hun, a darllenodd ramadeg modern John Morris-Jones (1913) ac astudiaeth dafodieithol bwysig O. H. Fynes-Clinton (1913) yn y blynyddoedd cyn cyhoeddi *Cerddi*.

Yn ail ran y gyfrol, yn dilyn y rhigymau, ceir casgliad o un soned ar hugain. Fel y rhigymau, mae mwyafrif y sonedau hefyd yn *vintage* Parry-Williams, a chaiff eu cwpledi anthemaidd hwythau eu dyfynnu dro ar ôl tro mewn cyflwyniadau i waith y bardd ar radio a theledu, mewn cyfeirlyfrau ac ar wefannau. Hynny yw, defnyddir sonedau *Cerddi* yn aml i gynrychioli holl yrfa a bydolwg y bardd o Ryd-ddu.

Dyna bedair o'r naw soned a gyfansoddwyd ganddo yn *annus mirabilis* 1931, er enghraifft, y pedair yn crisialu ei berthynas ag Eryri ei fagwraeth, a'u cwpledi dyrchafedig yn canu yn y cof:

> Mae'r cyrn yn mygu er pob awel groes,
>   A rhywun yno weithiau'n sgubo'r llawr . . .
>   'Tŷ'r Ysgol'

> Ni welir arno lun na chynllun chwaith,
>   Dim ond amlinell lom y moelni maith.
>   'Moelni'

> Dim byd ond mawnog a'i boncyffion brau,
> Dau glogwyn, a dwy chwarel wedi cau.
>
> 'Llyn y Gadair'

> Ni wnawn, wrth ffoi am byth o'n ffwdan ffôl,
> Ond llithro i'r llonyddwch mawr yn ôl.
>
> 'Dychwelyd'

Dyma – yn groyw, loyw – T. H. Parry-Williams, y bardd 'bro ac angau', bardd sydd yn ymwybodol o ddiddymdra bywyd dyn, ac o rym y byd naturiol. Ychydig a newidiodd ei lais barddol weddill ei yrfa. Fel y dywedodd W. J. Gruffydd yn ei adolygiad ef o *Cerddi* yn *Y Llenor* ym mis Hydref 1931: 'yr oedd [Parry-Williams] wedi darganfod ac ennill ei le ac wedi ei fodloni ei hunan a'n bodloni ninnau ar foddion ei gerdd.' Yn ei farn ef, gyda chyhoeddi'r gyfrol hon, pasiodd Parry-Williams 'o fyd yr adolygydd i fyd hanesydd llenyddiaeth'.

O flwyddyn ei chyhoeddi, felly, dyrchafwyd *Cerddi* yn un o glasuron Cymraeg yr ugeinfed ganrif, ac ni ellir ond teimlo i brynwyr gwreiddiol y gyfrol yn 1931 gael llawer mwy na gwerth eu harian. Talodd y ddau swllt a chwech a roesant amdani am sedd ym mhantheon barddol Cymru. Yr un pryd, gyda chyhoeddi ei gyfrol gyntaf un o farddoniaeth, daeth T. H. Parry-Williams, yn ddeugain a phedair oed, i gymryd ei le yn un o ddelwau'r pantheon hwnnw.

Cywir y proffwydodd golygydd *Y Llenor* mai 'blaenffrwyth' oedd ynddi o'r hyn a ddeuai eto. Dros y tri degawd nesaf ymddangosodd pum cyfrol bellach o gerddi gan Parry-Williams (neu gymysgedd o gerddi ac ysgrifau), a'r corff sylweddol hwn o gant ac ugain o gerddi yw'r sail i ganoneiddiad y bardd. Mae cyfran helaeth o'r cerddi hynny yn adleisio ac yn atgyfnerthu'r arloesi ffurfiol, ieithyddol a thematig a gafwyd yn *Cerddi*.

Buan y nodwyd dylanwad yr arloesi hwnnw ar feirdd Cymraeg eraill. Saunders Lewis, gyda'i graffter beirniadol arferol, oedd un o'r cyntaf i ddeall dylanwad gwaith Parry-Williams ar lenorion y cyfnod rhwng y ddau ryfel byd. Mor gynnar ag 1955, ysgrifennodd ef yn y cylchgrawn *Lleufer*:

Ond pwy yw'r llenor pwysicaf ei ddylanwad ar feirdd a llenorion eraill a fu'n cyhoeddi eu gwaith yn yr un cyfnod? Mi a gredaf mai yr ateb cywir yw – y Dr T. H. Parry-Williams.

Iddo ef, ni fyddai sonedau mawr R. Williams Parry yn 1937–38, nac ychwaith *Ysgubau'r Awen* Gwenallt, wedi bod yn bosibl heb y 'rhyddid eang' a roddodd gwaith Parry-Williams iddynt. A dyma'r casgliad y daeth Saunders Lewis iddo:

> Yn hanes barddoniaeth Gymraeg y mae i Parry-Williams
> le mor arbennig fel arloeswr ag y sydd i'w gyfoeswr Eliot
> yn hanes barddoniaeth Saesneg.

Mewn llawer o erthyglau ac ysgrifau pwysleisiodd beirniaid nodedig diweddarach – megis R. Geraint Gruffydd, Dafydd Glyn Jones, John Rowlands, Bobi Jones, J. E. Caerwyn Williams, Alun Llywelyn-Williams – oll ddylanwad pellgyrhaeddol Parry-Williams fel arloeswr barddonol. Ac er bod newydd-deb ei ieithwedd a'i fyfyrio deallusol-deimladwy wedi pylu, mae ei ddylanwad wedi parhau hyd heddiw. Yn wir, gellid dadlau mai cynyddu, nid lleihau, a wnaeth dylanwad Parry-Williams ar lenorion eraill yn y pedwar ugain mynedd ers cyhoeddi *Cerddi*.

Erbyn heddiw, mae rhai o leisiau pwysicaf ein llenyddiaeth, yn eu plith Gwyneth Lewis, Angharad Tomos, Mihangel Morgan ac Owen Martell, yn cydnabod eu dyled iddo. Roedd yn arwr barddol i'r diweddar Iwan Llwyd, a ganodd un o rigymau tyneraf *Cerddi* ('Y Weddi') ar ei albym olaf gyda Geraint Løvgreen (*Busnes Anorffenedig*, 2008). Ac yn fwyaf diweddar cafwyd perfformiad newydd o un o rigymau eraill *Cerddi* gan y grŵp Acid Casuals, a gynhyrchodd fersiwn gerddorol electronig o 'Y Ferch ar y Cei yn Rio'.

Gallaf innau dystio dros flynyddoedd o ddarlithio mai gwaith T. H. Parry-Williams, o blith holl feirdd yr ugeinfed ganrif (gan gynnwys T. Gwynn Jones, R. Williams Parry, Gwenallt a hyd yn oed Waldo), sydd yn dal i apelio rwyddaf at Gymry ifanc yr unfed ganrif ar hugain. Credaf fod hynny'n deillio o'i ddefnydd moel o iaith, a hefyd ei gyfuniad o sgeptigiaeth a chyfriniaeth, y diddordeb mewn gwyddoniaeth a thechnoleg, ynghyd â'r ymwybod (tra chyfoes) â'n perthynas dyngedfennol ni â'r byd naturiol a'i rymoedd ofnadwy.

Mae ailgyhoeddi'r gyfrol hon yng nghyfres Clasuron Gomer, felly, yn dystiolaeth o statws *Cerddi* yn gynnyrch eiconig bardd eiconig. Mae hefyd, wrth gwrs, yn atgyfnerthu'r statws hwnnw. Hwyrach nad yw hynny heb ei beryglon. Gellid dadlau bod cyhoeddi clasuron o'r fath yn atgyfnerthu'r duedd ynom ni, Gymry, i greu delwau llonydd o'n llenorion a'u gosod mewn carchar o bantheon. Dyna Kate Roberts sydd wedi ei thynghedu am byth i gario coron 'brenhines' ddioddefus ein llên. Bydd R. Williams Parry, er gwaethaf ei gymhlethdodau dwys, am byth yn 'Fardd yr Haf'.

Mae Waldo'n un o'r 'tangnefeddwyr', ac mae gan D. J. Williams 'wên na phyla amser'. Un o hogia 'Pentra' *Un Nos Ola Leuad* fydd Caradog Prichard hyd byth, a Saunders Lewis, er ei fod yn bresennol ym mhob man, ydyw ein 'deryn dieithr'.

Yn achos Parry-Williams, tybed nad oes perygl inni gaethiwo'r 'Parry-Bach' hoffus, ddwys-ddidaro, sbectolog, Ryd-dduog yn yr un modd, trwy ganolbwyntio o'r newydd ar linellau anthemaidd *Cerddi*? (Gwir iddo yntau gyfrannu at yr un caethiwo trwy gyflwyno 'eicon' ohono'i hun dro ar ôl tro ar y radio a'r teledu, gan ddarllen ei gerddi mewn goslef swyngyfareddol.)

Ond gellid hawlio, i'r gwrthwyneb, mai gwerth mawr ailgyhoeddi *Cerddi* yw ei fod yn ein galluogi i ddarllen y farddoniaeth unwaith eto – a chanfod bod i'r cerddi eu grym o hyd.

Mae'r rhigymau, yn enwedig rhigymau'r daith i Dde America, yn esiamplau o ddarbodaeth artistig ryfeddol, sydd yn hawlio dilysrwydd gweld o ran a thros-dro:

> Taniodd yr heulwen dy lethrau syth
> Dro, ac yna diflennaist am byth.
>
> Ond gydag Eryri fe fyddi di
> Bellach yn un o'm mynyddoedd i.
> 'O Pica'

Yr un pryd, fel y dengys y rhigwm 'O'r Golwg', mae cydnabod bodolaeth y byrhoedlog, a llefaru amdano, yn rhoi rhyw fath o anfarwoldeb iddo:

> Nid ydyw'r cyfan a welais i
> Ond cryndod heddiw ar wyneb y lli.
>
> Llwydant – diflannant – aethant hwy –
> Nis gwelaf – ni cheisiaf eu gweled mwy.

Dyna yw byrdwn yr ailadrodd a geir yng nghwpled enwog 'Yr Esgyrn Hyn'. Yn gynnil, trwy dechneg farddonol, mae'r hyn sy'n farwol yn cael ei anfarwoli; mae'r mud yn ymlafareiddio:

> Ni bydd ohonom ar ôl yn y byd
> Ond asgwrn ac asgwrn ac asgwrn mud.

Mae 'Ar y Dec' yn *snapshot* ymddangosiadol ddidaro sy'n mynegi popeth am rym amwys y weithred o greu:

> Aeth lleian heibio, a'i gwregys a droes,
> A gwelais ei Christ yn hongian ar groes –
>
> Crist metel wrth ei phaderau hi
> Yn hongian, wrth ddolen, ar Galfarî;
>
> A Chrëwr y môr, fel ninnau bob un,
> Yn ysgwyd ar ymchwydd Ei gefnfor Ei hun.

Yn y rhigymau hyn, mae'r proestio, y lled-odli a'r odli methedig yr un mor greiddiol i ystyr y cerddi â'r odli 'llwyddiannus', yn fynegiant barddol o allu anwadal iaith i greu cysylltiadau – neu beidio. Fel 'Y Ferch ar y Cei yn Rio' a'i hodli dros-ben-llestri, mae'r gerdd 'Yng Ngwlff Mecsico' hithau yn dangos ymgais seithug
y Cymro Cymraeg i ganfod atseiniau rhwng ei ddiwylliant ei hun a'r byd dieithr y mae wedi glanio ynddo. Rhyw hanner odli yn unig y llwydda i'w wneud:

Mae'r llanc o Arfon ar ddyrys dro
Ym mwrllwch Geneufor Mecsico.

Gwêl trwy gryndod tesog y chwa
Ynysoedd palmwyddog Fflorida.

Dim ond wrth alw i gof lefydd cartrefol ei fyd ei hun y daw odl foddhaol:

Saif yntau'n hurt, ymhell o'i Ryd-ddu,
Ym mhorthladd Hafana, yng nghanol y llu . . .

Hwyrach nad yw'r sonedau bob amser yn taro deuddeg yn hyn o beth. Nid yw gofynion ffurf a chymhlethdod profiad yn bodloni ei gilydd bob amser yn nifer ohonynt, a theimlir y byddai wedi talu i Parry-Williams ymadael â ffurf y soned ar brydiau ac ildio i fydryddiaeth lacach. Gwelir hyn yn eglur mewn soned fel 'Anwadalwch', er enghraifft, lle mae'r llinellau'n goferu bron yn ddireolaeth, fel petaent yn strancio dan ffrwyn y ffurf:

Nes troi pob aidd yn anwadalwch prudd
    Wrth flysio mynd i fangre lle nid yw
Ac ysu bod ar adeg pan na bydd,
    Gan rwygo fy serchiadau. Nid wy'n byw
Un amser nac yn unlle'n gyfan oll:
Mae darn o hyd ar grwydyr neu ar goll.

Yn yr un modd, mae'r paradocsau parod sy'n tynnu llawer o'r sonedau tua'u terfyn fel petaent yn clymu edefynnau meddwl Parry-Williams yn rhy rwydd at ei gilydd, gan gynnwys rhai o'r cwpledi 'cofiadwy' yr adwaenir y bardd wrthynt heddiw.
    Er cydnabod lle allweddol y mydryddu a'r odli yng ngharisma'r farddoniaeth, ceisiais wrth droi at *Cerddi* eto anwybyddu'r rhythmau rhy esmwyth a'r cyflythrennu cerddorol, gan ganolbwyntio yn hytrach ar y darnau o dyndra sy'n cynnal y cyfan, ac ar deithi cyfoethog y meddwl. I mi, nid yn y cwpledi anthemaidd y mae gogoniant *Cerddi*, ond yn hytrach yn y modd y mae'r farddoniaeth yn amlygu'r ymrafael rhwng ffurf a

chymhlethdod profiad. Mae bywyd yn aml yn beth blêr, ac y mae cerddi Parry-Williams yn mynegi mewn ffordd wefreiddiol y tyndra rhwng rheolau ffurf sefydledig ac afreoleidd-dra profiad. Ar ei gorau, mae'r farddoniaeth yn gydymdreiddiad tyn geiriau a mydryddiaeth, teimlad a deall, gydag ôl yr ymrafael â geiriau a phrofiad i'w deimlo yn y gwaith.

Delw neu beidio, ni bu Parry-Williams heb ei flynyddoedd o ymrafael. Un ffordd o lwyr werthfawrogi *Cerddi*, ac osgoi troslais yr eicon, a phwys bywyn y 'ffrwyth' ar y 'blaenffrwyth' hwn, yw cydnabod gwir le *Cerddi* yng ngyrfa farddol T. H. Parry-Williams. Nid prentis dibrofiad ydoedd pan gyhoeddwyd y gyfrol hon. Yn hytrach, roedd yn ddyn canol oed a chanddo dros ddeugain mlynedd o brofiad bywyd, heb sôn am ryw ddeng mlynedd ar hugain o brofiad barddoni. Yn ogystal ag ennill pedair gradd academaidd (BA (ddwbl), BLitt, MA a PhD) ym mhrifysgolion pedair gwlad wahanol, roedd wedi ennill y dwbl-dwbl, sef y Gadair a'r Goron gyda'i gilydd ddwywaith yn Eisteddfodau Cenedlaethol 1912 ac 1915, wedi cyhoeddi degau o gerddi Cymraeg a Saesneg mewn cylchgronau megis *The Dragon*, *The Grail*, *Wales*, *Y Wawr*, *Y Deyrnas*, *Cymru*, *Y Llenor*, *Y Brython* a hyd yn oed y *Western Mail*, wedi cael cynnwys ei waith ym mlodeugerdd boblogaidd Annie Ffoulkes, *Telyn y Dydd*, wedi bod yn Athro Iaith a Llenyddiaeth Gymraeg yng Ngholeg Prifysgol Aberystwyth ers degawd, ac wedi ei ddyrchafu'n feirniad ar gystadlaethau barddoni yr Eisteddfod Genedlaethol sawl gwaith.

Mae degau o gerddi o'i eiddo yn perthyn i'r cyfnod cyn cyhoeddi *Cerddi*, o gerddi eisteddfodol, Rhamantaidd ei gyfnod yng ngholegau Aberystwyth a Rhydychen, i gerddi mwy arbrofol ei gyfnod yn Freiburg a Pharis yn 1911–13 sy'n nesáu at Foderniaeth gyfandirol, heb sôn am gerddi gwrthryfelgar, gwrth-grefyddol, gwrth-filitaraidd, dadrithiedig (a llac) cyfnod y Rhyfel Byd Cyntaf a'i adladd chwerw.

Ym marn W. J. Gruffydd, nid yw'r farddoniaeth gynnar hon yn ddim mwy na chynnyrch ei 'ddeugain mlynedd penodedig yn yr anialwch'; ni welai ef ynddi ddim ond 'rhyw ystwyrian ac aflonyddu amhendant' bardd ifanc yn curo'i ben 'yn erbyn muriau bywyd, cyn [. . .] sylweddoli bod y mur yn galetach na'r pen'.

Mater o farn yw hynny. Fel y dangosodd Dyfnallt Morgan yn *Rhyw Hanner Ieuenctid*, a Gerallt Jones yn ei gofiant, ac fel y tystiodd Llion Elis Jones yn ei gyfres 'Y Gwrthodedigion Llwyd' yn *Barddas*, mae crwydro cynnar T. H. Parry-Williams yn rhan allweddol o'i gynhysgaeth lenyddol, ac yn dangos agweddau tra gwahanol i ni ar gymeriad a gyrfa ein heicon cenedlaethol cyfarwydd. Dengys iddo brofi aflonyddwch meddwl dwys, yn ogystal â chyffroadau corfforol a meddyliol o bob math. Dengys iddo ddod o dan ddylanwad syniadau newydd blaengar, os nad chwyldroadol, yn ystod ei gyfnodau mewn gwahanol brifysgolion. Dengys iddo ddod i gysylltiad â chelfyddyd arbrofol y Cyfandir, militariaeth yr Almaen a themtasiynau cnawdol Paris. Dengys iddo brofi carwriaethau a fethodd, iddo golli ffydd a'i hadennill, iddo ymfflamychu yn wleidyddol a phrofi dadrith chwerw.

Hepgorwyd y corff sylweddol hwn o farddoniaeth bron yn llwyr o *Cerddi*, hyd yn oed y bryddest ddadleuol 'Y Ddinas' a ddyrchafwyd gan feirniaid wedi 1915 yn gerdd Fodernaidd gyntaf yr iaith Gymraeg. Mae hyn yn gwneud cyfrol gyntaf T. H. Parry-Williams yn gynnyrch yr hunan-sensoriaeth fwyaf llym yn holl hanes llenyddiaeth Gymraeg.

Nid heb anniddigrwydd y cyflawnodd Parry-Williams y tocio eithafol hwn: mae cerdd agoriadol *Cerddi*, 'Ymddiheuriad', a cherdd olaf y gyfrol, 'Atgno', yn fynegiant o'i amwysedd ynghylch gollwng y cerddi hyn 'dros go'. Parhaodd y niwrosis hyd ddiwedd ei yrfa: yn 1962, ac yntau wedi hen fynd heibio oed yr addewid, adargraffodd ei bryddest feiddgar gynnar 'Y Ddinas' (1915) ar ei liwt ei hun.

Waeth beth sydd i gyfrif am yr hunan-sensro eithafol a roes fod i'r hyn a alwodd W. J. Gruffydd yn 'brydyddiaeth bendant a diledryw' *Cerddi*, ni ellir deall y farddoniaeth a geir ynddi heb wybod am y blynyddoedd aflonydd a'i cynhyrchodd. Nes y daw dydd cyhoeddi casgliad cyflawn o holl gerddi T. H. Parry-Williams, boed i *Cerddi* ar ei newydd wedd fod, nid yn unig yn 'flaenffrwyth' yr hyn a ddaeth wedyn, ond yn ôl-ffrwyth y cyffro a'r arbrofi a aeth o'i blaen, gan ddangos inni fod y ddelw yn wir wedi byw.

Angharad Price
Caernarfon
Mai 2011

*i
goffadwriaeth
fy
rhieni*

Cynnwys

	Tud.
Ymddiheuriad	1

RHIGYMAU

Trindod	5
Rhaid	6
Dwy Gerdd	7
Yr Esgyrn Hyn	10
Celwydd	12
O Ddyddlyfr Taith	
O Pica	16
Ar y Dec	17
Yng Ngwlff Mecsico	18
Y Pasiffig	19
San Lorenzo	20
Y Ferch ar y Cei yn Rio	21
Y Weddi	22
Carchar	23
O'r Golwg	24
Y Diwedd	25
Dau Hanner	26
Rhieni	27

SONEDAU

Gwahaniaeth	31
Nef	32
Lliw	33
Ofn	34
Argyhoeddiad	35
Cydbwysedd	36
Tylluan	37
Gorffwys	38
Ailafael	39
Sialens	40
Paradwys	41

	Tud.
Y Rheswm	42
Tŷ'r Ysgol	43
Moelni	44
Llyn y Gadair	45
Anwadalwch	46
Ymwelydd	47
Tynfa	48
Dychwelyd	49
Gweddill	50
Atgno	51

Ymddiheuriad

(I'r cerddi na cheir yma)

Nid hyfryd ceisio'ch gollwng chwi dros go'
    A'ch lled-ddiarddel, wedi'r cymun maith
A ffynnai rhyngom, ac nid rhwydd o dro
    Eich hanner-sennu mor ddiswta chwaith;
Canys ni allaf lwyr anghofio'r ias
    Ddigymell oedd i'ch dyfod deifiol chwi
O un i un, yn wreichion noeth, di-dras
    O rywle, rywsut, i'm hymwybod i;
A chwyddo'n fflamau chwyrn dros ennyd awr,
    A'u craidd o ddefnydd eirias dirgel fyd,
Nes i chwi ddiffodd, wedi'r gloywi mawr,
    Ac yna chwalu'n llwch di-gamp i gyd.
Am i chwi losgi'n lludw gan eich nwyd,
Nid dyma'ch lle, wrthodedigion llwyd.

1931

RHIGYMAU

Trindod

1

Mewn caban cudd dan gysgod gwern
    Mi welais Iesu pren ar groes –
A rhwyfwyr haf ar Lyn Lwsérn
    Yn canu tiwn yn sŵn gitâr.

Rhwng rhesau o ganhwyllau gwêr
    Gwelais y gwaed yn ffrydiau coch
A beintiwyd gan ryw law aflêr
    Ar fron a thraed a dwylo'r Crist.

2

Yn neuadd y cerfluniau cain
    Canfûm Law Duw celfyddyd dyn –
A dinasyddion Paris Ffrainc
    Yn mynd a dyfod heibio i'r drws.

A mab a merch ynghlwm ynghyd
    A welais yno ar gledr y llaw
Yn ymdecáu o bridd di-bryd
    Dan gyffwrdd cywrain bysedd Duw.

3

Mewn capel gwlad dan bulpud plaen
    Gwelais werinwr ar ei lin –
A Gwyrfai wyllt wrth lifo 'mlaen
    Yn lleisio'n lleddf dros gerrig llyfn.

Ni welais Iesu na Llaw Duw
    O'i flaen pan grymai ar y llawr
Gan alw ar yr Ysbryd byw
    Trwy binwydd cefngor y sêt fawr.

Rhaid

Wylais unwaith ar obennydd
   Na bu dagrau arno erioed,
Wylo dafnau angerddoldeb
   Bywyd llanc a meddal oed.

Ond nid wylwn am un camwedd –
   Nid oedd hynny'n fy nhristáu;
Ac nid wylwn edifeirwch –
   Ni wyddwn i edifarhau.

Duw a ŵyr beth oedd fy nagrau,
   Ef Ei Hun oedd biau'r lli;
Wylwn am fod rhaid i'r Duwdod
   Wrth fy nagrau i.

Dwy Gerdd

(*Sy'n tywyll sôn am beth a ddaeth
I'm dirnad unwaith, ac a aeth.
Ni wn beth ydoedd – a pha waeth?*)

1

Dy dwyllo'r ydwyf: twyllwyr ydym oll
   Heb eithrio'r un. Fy nghyffes gerbron Duw
A ddygaf heddiw. Chwerddi di, mi wn.
   Nid yw fy ngwir ond gau, a'm bywyd nid yw fyw.

Ond ni'th ddychrynir: ni ddychrynwyd neb
   Ohonoch eto. Felly y bu erioed.
Tyred a gwrando, mae'r diferion glaw'n
   Diflasu disgwyl clywed cynnwrf yn y coed.

Dau – deuliw'n unig sydd, y gwyn a'r du –
   Tydi a minnau. Gwag ond hynny yw'r byd
Sy'n troi mewn gwagle; ac nid ydynt hwy
   Ond dwbwl wegi – gwag yn troi mewn gwag o hyd.

Dy felltith ydyw'r ddawn a roed i ti
   I lenwi'r gwagle â thydi dy hun.
Dysgaist i minnau lenwi a lliwio'r byd,
   Nad yw ond gwag a deuliw, ag amlder lliw a llun.

Ond fe'm darbwyllwyd. Nid yw'r gwir ond gau,
   A bywyd nid yw fyw i minnau mwy.
Gwrando ar anniddigrwydd dafnau'r glaw –
   Ffurfiau dros dro ŷm ninnau, yn disgwyl fel hwynt-hwy.

Ac eto yr oedd Medi'n Fedi'n wir,
   Ac Arfon yn fynyddoedd dan ein traed,
Y niwl yn niwl, ac un ac un yn ddau,
   Ac awr ac awr yn oriau, tithau'n gig a gwaed.

Ond fe'm darbwyllwyd. Nid yw Medi ond mis,
　　A hwnnw'n darfod, a heb fod erioed,
Nid oes yn Arfon heddiw i mi, sy 'mhell,
　　Fynydd na niwl na dim ond ffurfiau'n cadw oed.

A deuliw – du a gwyn. Nid gwyn yw du,
　　Fe ŵyr y gwagle'n burion, ac ni ddaw
Dewin a'u huno hwy. Rhwng du a gwyn
　　Mae pellter, dyfnder, gwagle, gagendor di-ben-draw.

Dy dwyllo'r wyf. I tithau rhaid nad oedd
　　Fy ngwir ond gau, a'm bywyd nid oedd fyw.
Rhyngom, o'n cwmpas, amgylch ogylch mae
　　Diddymdra sydd yn bod i mi, i ti nad yw.

Dy dwyllo'r ydwyf. Ni ddaw gwyn a du
　　Fyth fyth yn unlliw, mwy na dau yn un.
Ond gwir neu beidio, gwn mai dal a wnei
　　O hyd i lenwi'r gwagle â thydi dy hun.

2

Dy dwyllo'r oeddwn, pan ddywedais i
   Mai twyllwr ydwyf. Oes, O oes, y mae
Dewin sy'n gwneuthur gwyrthiau, ac a bair
   Ymddangos o bob gwagle megis pe na bae.

Nid lledrith oedd y llais a glywais i,
   Ac nid drychiolaeth oeddit tithau chwaith.
Sylwedd oedd cnawd dy law, ac awel wynt
   O'r mynydd oedd yn gwasgar niwl ar draws ein taith.

Mae'n chwerthin eto'n aros ar y ffordd,
   A'n prudd-der eto 'nghadw ar y rhiw,
Ac mae'n distawrwydd o'r naill du dan glo
   Yng nghoffrau creigiau Arfon heb na siw na miw.

Ac yno'r ydwyt tithau – a myfi,
   Am byth yn chwerthin, tewi, a thristáu,
Ac yno mae'r clogwyni, a'r niwl yn niwl,
   A Medi'n Fedi o hyd, ac un ac un yn ddau.

1922

Yr Esgyrn Hyn

(Ffansi'r funud)

1

Beth ydwyt ti a minnau, frawd,
Ond swp o esgyrn mewn gwisg o gnawd?

Gwêl d'anfarwoldeb yng ngwynder noeth
Ysgerbwd y ddafad wrth Gorlan Rhos Boeth;

A'r cnawd a'r gïau a fu iddi gynt,
Yn bydredd ar goll yn y pedwar gwynt,

Heb ddim i ddywedyd pwy oedd hi
Ond ffrâm osgeiddig nad edwyn gi.

2

Beth fyddi dithau, ferch, a myfi,
Pan gilio'r cnawd o'r hyn ydym ni?

Diffydd y nwyd pan fferro'r gwaed,
Derfydd am siom a serch a sarhaed.

Ni bydd na chyffwrdd na chanfod mwy:
Pan fadro'r nerfau, ni theimlir clwy.

Ac ni bydd breuddwyd na chyffro cân
Mewn penglog lygadrwth a'i chraciau mân.

Nid erys dim o'r hyn wyt i mi –
Dim ond dy ddannedd gwynion di.

Ni bydd ohonom ar ôl yn y byd
Ond asgwrn ac asgwrn ac asgwrn mud;

Dau bentwr bach dan chwerthinog ne',
Mewn gorffwys di-gnawd, heb na bw na be.

Nid ydym ond esgyrn. Chwardd oni ddêl
Dy ddannedd i'r golwg o'u cuddfa gêl.

Chwardd. Wedi'r chwerthin, ni bydd, cyn bo hir,
Ond d'esgyrn yn aros ar ôl yn y tir –

Asgwrn ac asgwrn, forwynig wen,
A chudyll a chigfran uwch dy ben;

Heb neb yn gofyn i'r pedwar gwynt:
'P'le mae'r storm o gnawd a fu iddi gynt?'

1923

Celwydd

(*Awr ddu*)

1

Daeth Haf Bach Mihangel trwy weddill yr ŷd,
Yn llond ei groen ac yn gelwydd i gyd.

Adwaen ei driciau bob yr un –
Ei ddynwaredwr wyf i fy hun.

Twyllwr wyf innau. Pwy sydd nad yw,
Wrth hel ei damaid a rhygnu byw?

Ac anferth o gelwydd yw'r bywyd sydd
Mewn ofn a chadwynau nos a dydd.

Weithiau – mewn breuddwyd – daw fflach o'r gwir,
Ond wedyn anwiredd a thwyllo hir.

Anturiwn weithiau ddynwared Duw,
Ond snecian yr ydym wrth geisio byw.

Cryfach yw'r gadwyn na grym y gwir,
Trech ydyw'r nos na'r goleuddydd clir.

2

'Gwae nad oes gwir! Ni bu rhyngom ein dau
Ond cusanau celwyddog a geiriau gau.

'Anwiredd gloyw oedd y llygaid llyn,
A gwên dy ddannedd yn gelwydd gwyn.

'Ysmalio dichellgar a thwyllo ffri
Oedd chwerthin a chyffwrdd ein caru ni.'

Rhwng pob rhyw ddau a fu 'rioed yn y byd
Ni bu ond anwiredd – dyna i gyd.

3

Tristach na holl ddinodedd dyn
Yw chwerthin y cnawd am ei ben ei hun.

Sobrach na syn sefydlogrwydd y sêr
Yw anwadalwch ei fywyd blêr.

Chwerthinllyd gweld ffoi o'i falchderau i gyd
Fel haid o wylain rhag diwedd y byd;

Ac yntau'n aros ar ddiwedd ei rawd
I edrych yn ôl dros adfeilion cnawd,

A gweld nad oedd yn y fynwes ddofn
Ond serch ac angau a phechod ac ofn;

Ac angau'n traflyncu'r lleill yn syth,
Gan wneuthur y gwegi'n wacach fyth.

4

Gwae ni ein dodi ar dipyn byd
Ynghrog mewn ehangder sy'n gam i gyd,

A'n gosod i gerdded ar lwybrau nad yw
Yn bosib eu cerdded – a cheisio byw;

A'n gadael i hercian i gam o gam
Rhwng pechod ac angau heb wybod paham;

Ac ofn wrth ein sodlau'n syfrdanu serch
Wrth gyfrif celwyddau mab a merch.

Pa ryfedd, yn wir, fod y cnawd di-lun
Yn cael y fath sbort am ei ben ei hun?

1924

O Ddyddlyfr Taith

1

O Pica

(*Mynydd ar un o ynysoedd Azores*)

Cyfodaist yn serth y tu hwnt i'r trwyn
Ym moelni d'ogoniant er fy mwyn.

Ni thynnais fy llygaid oddi arnat ti,
Deyrn yr ynysoedd ar draws y lli.

Taniodd yr heulwen dy lethrau syth
Dro, ac yna diflennaist am byth.

Ond gydag Eryri fe fyddi di
Bellach yn un o'm mynyddoedd i.

Yr Atlantig, Gorffennaf 1925

2

Ar y Dec

Aeth lleian heibio, a'i gwregys a droes,
A gwelais ei Christ yn hongian ar groes –

Crist metel wrth ei phaderau hi
Yn hongian, wrth ddolen, ar Galfarî;

A Chrëwr y môr, fel ninnau bob un,
Yn ysgwyd ar ymchwydd Ei gefnfor Ei Hun.

Yr Atlantig, bore Sul, Gorffennaf 1925

3

Yng Ngwlff Mecsico

Mae'r llanc o Arfon ar ddyrys dro
Ym mwrllwch Geneufor Mecsico.

Gwêl trwy gryndod tesog y chwa
Ynysoedd palmwyddog Fflorida.

Yfory gollyngir gyda'r wawr
Yr angor pygddu i'r glesni mawr.

Saif yntau'n hurt, ymhell o'i Ryd-ddu,
Ym mhorthladd Hafana, yng nghanol y llu,

Â'i lygaid ar lesni trofannol goed,
Ac India'r Gorllewin dan ei droed –

Ni ddysgodd y truan eto mai hud
Enwau a phellter yw 'gweld y byd'.

Gorffennaf 1925

4

Y Pasiffig

Ceisiaist fy nychryn, ganol ha',
Â'th fellt didaranau ger Panama.

Pistyllodd cawod, fel môr i fôr,
Ger glannau trofannol Ecwadôr.

Lledaist dy holl feithderau di-dw'
Yn arswyd rhyngof a thir Perŵ;

A theflaist y seren a fu'n gyfaill cyd
– Hen Seren y Gogledd – dros ganllaw'r byd.

Nid oedd hyn ond dy giprys ysmala di
Â llanc anghyfarwydd â thriciau'r lli;

Ond gwn i mi ddysgu nad oes brad
Yn ystyr d'enw, yn ysgol fy nhad.

Gorffennaf 1925

5

San Lorenzo

(*Ynys a godwyd gan ddaeargryn, heddiw'n benydfan troseddwyr*)

Gwthiodd daeargryn dy domen di
Ryw noswaith ddychrynllyd i wyneb y lli.

A sefi'n swrth ers blynyddoedd hir
Ym mae Callao, yn wynebu'r tir.

Heno y mae pedair seren wen
Croes y Deau'n syth uwch dy ben.

Ond Duw a'th helpo, 'does ynot ond fflyd
Mwrdrwyr a lladron a sgarthion byd.

Rywdro, ryw noswaith ddi-loer, ddi-liw,
Fe'th lwnc y Pasiffig dydi a'th griw.

A mwyach ni byddi, yng ngolwg yr Iôr,
Ond cramen esgymun ar waelod y môr.

Callao, Awst 1925

6

Y Ferch ar y Cei yn Rio

Plyciai'r tygiau'r llong tua'r dwfn,
   A'r fflagiau i gyd yn chwyrlïo;
O'r cannoedd oedd yno, ni sylwn ar neb
   Ond ar ferch ar y cei yn Rio.

Ffarweliai â phawb – nid adwaenai neb –
   Mewn cymysgiaith rhwng chwerthin a chrio;
Eisteddai – cyfodai: trosi a throi
   A wnâi'r ferch ar y cei yn Rio.

Anwesai lygoden ffreinig wen
   Ar ei hysgwydd, a honno'n sbio
I bobman ar unwaith, fel llygaid di-saf
   Y ferch ar y cei yn Rio.

Efallai ei bod wedi bod ryw dro
   I rywun yn Lili neu Lio;
Erbyn hyn nid oedd neb – nid ydoedd ond pawb
   I'r ferch ar y cei yn Rio.

Ac eto ynghanol rhai milain eu moes
   Ni welais neb yn ei difrïo,
Nac yn gwawdio gwacter ei ffarwél hi –
   Y ferch ar y cei yn Rio.

Pwy a edrydd ynfydrwydd ei chanu'n iach,
   Neu'r ofn a ddaeth im wrth bitïo
Penwendid y ferch â'r llygoden wen –
   Y ferch ar y cei yn Rio?

Rio de Janeiro, Awst 1925

7

Y Weddi

Clywais hi'n gynnes o'm hamgylch,
  Mwynheais ei chyffwrdd swil,
A gwn pwy a'i gyrrodd i grwydro
  O Gymru i gyrrau Brasil . . .

Glannau Brasil, Awst 1925

8

Carchar

(*Chwiw brudd*)

Carcharor ydwyf ynghanol swˆn
   Ciwed gymysglyd gwledydd y De.
Anodd yw credu i Iesu Grist
   Farw ar groesbren 'Ei Hun yn eu lle'.

Ni allaf oddef eu gwep a'u gwedd,
   Cas gennyf dro'r llygad a'r trwyn,
Siâp eu pennau a llyfnder eu gwallt,
   Eu dwylo modrwyog a lliw eu crwyn.

Dyro im drwydded i beidio â bod
   Yn esgus o Gristion yng ngharchar y lli;
Gad imi ennyd, O Arglwydd Dduw,
   Gasáu dy greadigaethau Di.

Glannau Brasil, Awst 1925

9

O'r Golwg

Stribed o lwydni rhwng môr a ne,
Y drem olaf un ar Gyfandir y De.

Nid yw'r Andes a'r Pampas a'r trefi cain
A'r gogoniant pell ond rhyw linell fain.

Nid ydyw'r cyfan a welais i
Ond cryndod heddiw ar wyneb y lli.

Llwydant – diflannant – aethant hwy –
Nis gwelaf – ni cheisiaf eu gweled mwy.

O olwg Pernambuco, Awst 1925

Y Diwedd

(*Angladd ar y môr*)

Aeth henwr heno rywbryd tua saith
I ddiwedd ei siwrnai cyn pen y daith.

Gwasanaeth, gweddi, sblais ar y dŵr,
A phlanciau gweigion lle'r oedd yr hen ŵr.

Daeth fflach o oleudy Ushant ar y dde,
A Seren yr Hwyr i orllewin y ne,

A rhyngddynt fe aeth hen ŵr at ei Iôr
Mewn sachlen wrth haearn trwy waelod y môr.

Y Sianel, Medi 1925

Dau Hanner

Tybed fy mod i, O Fi fy Hun,
Yn myned yn iau wrth fyned yn hŷn,

A gwanwyn a gwenau a gwibiog hynt
Yn gwahodd fel y gwahoddent gynt.

Na ato Duw! Canys eir trwy'r byd
O'r crud i'r bedd, nid o'r bedd i'r crud.

Ac eto, gwych fyddai geni dyn
Yn hen, a'i iengeiddio wrth fynd yn hŷn;

A'i gladdu'n faban ar ben ei daith,
Â llonder sych yn lle tristwch llaith.

* * *

Yn wir, yn wir meddaf i chwi,
Fe aned un hanner o'r hyn wyf i

Yn hen, a'r hanner hwnnw y sydd
Yn mynd yn iau ac yn iau bob dydd.

Rhyw hanner ieuenctid a gefais gynt,
A hanner henaint fydd diwedd fy hynt –

Hanner yn hanner, heb ddim yn iawn,
Heb ddim yn ei grynswth na dim yn llawn.

Ac mae'r hanner hen, wrth fyned yn iau,
Heddiw'n ymhoywi a llawenhau;

A gwanwyn a gwenau a gwibiog hynt
Yn gwahodd fel y gwahoddent gynt.

1928

Rhieni

Mae'r dafnau a ddisgynnodd i fedd agored gynt,
Wedi hen atgyfodi a chwalu ar y gwynt,
A llunio llawer enfys ar ôl helbulus hynt.

Mae'r ddeulwch sy'n y ddaear dan bwysau mynor du,
Yn ymgymysgu'n ddistaw, a'r Hen Ysgarwr hy
Yn methu rhwystro ailuno dau gariad dydd a fu.

Mae hiraeth yn heneiddio, ac angau'n mynd yn iau:
Mae'r cartre'n llawn o eco, a'r bedd yn trugarhau,
A'r pedair milltir ffyddlon yn llinyn rhwng y ddau.

1930

SONEDAU

Gwahaniaeth

Na alw monom, Grist, yn ddrwg a da,
   Saint a phaganiaid, ffyddiog a di-ffydd,
   Yn dduwiol ac annuwiol, caeth a rhydd,
Yn gyfiawn ac anghyfiawn. Trugarha,
Canys nid oes un gaeaf nad yw'n ha',
   Na chysgod nos nad yw'n oleuni dydd,
   Nac un dedwyddwch chwaith nad ydyw'n brudd,
Ac nid oes unrhyw Ie nad yw'n Na.
Yn hytrach, Arglwydd, cenfydd yma rai,
   Ymysg trueiniaid daear, sydd â'u trem
Yn treiddio beunydd trwy barwydydd clai
   I wylio'r sêr o hyd ar Fethlehem;
Yn gweld y golau nad yw byth ar goll
Yng nghors y byd – a'r lleill yn ddeillion oll.

1919

Nef

Am fod yr anghyfiawnder arna' i'n bwys,
    Suddais yn drwm i'r gwaelod isaf oll,
Ac yn nhywyllwch y distawrwydd dwys
    Arhosaf heddiw fel petawn ar goll,
Ym mhydew du'r disberod, heb un ias
    O ofid calon tua chywilydd chwaith,
Wrth geisio gochel y cornelau cras
    A chynefino â'r parwydydd llaith.
Ac eto nid oes gwenwyn yn fy ngwaed,
    Ond rhyw farweidd-dra melys: nid oes cri
O'm genau'n galw am ddial fy sarhaed,
    Na her anobaith yn fy safiad i,
Am fod mwynhad ymhell o gyrraedd llef
Mewn uffern ddigon dofn i fod yn nef.

1919

Lliw

Tynnid ysmotiau'r blodau gan y trên
    Yn rhes llinynnau o bob lliw a hyd
O flaen fy llygaid, a rhyw deithiwr clên
    Gyferbyn â mi yn y cerbyd clyd
Yn sôn am brisiau'r farchnad, am yr hin,
    A rhagolygon y cynhaeaf gwair;
A syllwn innau'n swrth â golwg blin
    Ar ruthr y brodwaith lliw heb yngan gair.
Caeais fy llygaid llonydd fel petawn
    Ynghwsg, a gwelwn lafn ei bladur ef
A dannedd ei beiriannau'n torri cawn
    Y blodau lliwgar o dan haul y nef.
Deffrois o glywed rhyw chwibaniad croch,
Gan ofni'r llofrudd lliw â'r wyneb coch.

1919

Ofn

Pan ddringwyf eto'r allt yn ysgafn-droed
    I fyny tua'r pentref sydd â'r tŷ
Y'm ganed ynddo'n disgwyl fel erioed
    Am sŵn fy llais a sang fy nhroediad hy,
Bydd y llawenydd gynt yn fyw yn llam
    Y galon wirion eto, a bydd lli'r
Hen hiraeth hefyd na wnaeth siom na cham
    Ei rewi, 'n goglais ei meddalwch hi.
Ond wrth ddynesu tua'r fan, mi wn
    Yn burion cyn ei ddyfod ef y daw
Rhyw drymder difwynhad o rywle'n bwn
    Anesmwyth arnaf, a rhagargoel braw
I'm mynwes – arswyd gweled ôl tristâd
Ar wedd fy mam neu'n llygad llym fy nhad.

1919

Argyhoeddiad

Safwn, fel duw, ar gornel lle y try'r
    Hen Lwybyr Coch wrth gopa'r Wyddfa fawr
I'r chwith yn greicffordd wastad, ac yn hy,
    Fel a reolo ffawd, yn syth i lawr
Y dibyn dryslyd powliais garreg fras,
    A gwelwn hi'n carlamu'n chwim, a chriw
O fân garegos yn ymryson ras
    Â hi, pan gnociai hwynt i lawr y rhiw.
Gwyddwn o'r gorau mai myfi fy hun
    – Y duw, na b'ond ei grybwyll – a roes waith
I'r garreg wirion, ac a ffurfiodd lun
    Pob tro ar ôl ei chychwyn ar ei thaith;
Ond sylweddolais, pan ddiflannodd hi,
Nad oeddwn dduw – mai'r garreg oeddwn i.

1919

Cydbwysedd

Gwn na wrthododd 'mam gardod erioed
   I'r haid fegerllyd a fu'n crwydro'n hir,
Yn wŷr a gwragedd o bob llun ac oed,
   O wyrcws ac i wyrcws yn y sir.
'Duw a'ch bendithio,' meddent. Oni chaent
   Bob amser ganddi'r mwydion gyda'r crwst,
A chig a cheiniog? Yna, fel petaent
   Fonheddig, moesymgryment . . . Yn fy ffrwst,
Wrth gornel un o'r strydoedd yn y dref,
   Gwrthodais gardod i ryw lafn o ddyn
A fegiai'n feiddgar â chwynfanllyd lef,
   A mynd ymlaen dan regi wrtho'i hun –
A 'mam, rwy'n siŵr, yr un awr yn rhoi clamp
O gardod dwbwl gartref i hen dramp.

1919

Tylluan

Gartref yn Arfon, lle nid oes ond sŵn
   Y gwynt a'r afon a mân donnau'r llyn,
Ac weithiau gyfarth sydyn, cryg y cŵn
   Busneslyd, pan êl rhywun dros y bryn;
Gartref yn Arfon, pam y dylwn i
   Falio pa beth a wnêl na theyrn na chranc,
Nac ofni gwg gormeswyr? Ni ddaeth cri
   Dihirod byd erioed dros ben y banc . . .
Yn eon a di-feind, a'r nos yn cau,
   Troediwn y briffordd ar fy mhen fy hun,
Gan gyfri'r polion pyglyd bob yn ddau
   A'r gwifrau swnllyd bob yn un ac un;
Rhwng prop a pholyn, ar ryw beipen gron,
Gwelais dylluan – a daeth braw i'm bron.

1919

Gorffwys

Mae cysur ennyd mewn marweidd-dra mwyn,
   Mewn bwrw lludded wedi llafur maith,
Wrth lacio'r gïau ac wrth dynnu'r ffrwyn
   A'r pwn a'r tresi trymion wedi'r daith.
Ennyd mae blas ar orffwys effro blin,
   Pan lithro breuddwyd trwy'r ymennydd tân
Yn ffrwd liniarus, pan fo llednais rin
   Yng ngoglais petrus myfyrdodau mân.
Ond wedi'r egwyl a'r diogi pêr
   Daw anesmwythyd wrth i'r blinder ffoi,
Gan dreiddio drwy'r madruddyn a thrwy'r mêr,
   A pheri na bo awydd mwy ymroi
I seibiant eilwaith, tra bo ynof chwyth,
Na cheisio gorffwys nes cael gorffwys byth.

1920

Ailafael

Wrth fy niddanu gan gwmpeini'r lleng
   Llyfrau cysurlon sydd o'm cwmpas i
Yn gwarchod dros fy myw, yn rheng ar reng,
   Gan hawlio serch fy mron, ni chlywaf gri
Mynydd fy maboed na rheiolti'r gwynt
   O giliau'r henfro lle bu sang fy nhraed,
Oherwydd cwsg yw'r cariad a fu gynt
   Yn gyffro gwyllt cynddeiriog yn fy ngwaed.
Ond cyn bo hir af eto ar ryw sgawt
   Tuag Eryri'n hy, ac fel pob tro
Mi wn na wêl fy llygaid unrhyw ffawt
   Yng ngwedd yr hen fynyddoedd. Af o'm co'
Gan hagrwch serchog y llechweddau syth,
Gan gariad na ddiffoddir mono byth.

1922

Sialens

Pan ddêl blynyddoedd crablyd canol oed
   Yn slei a distaw bach i fyny'r glyn,
I rwydo'r afon a diffrwytho'r coed
   A chodi'r fflodiat i ddisbyddu'r llyn,
Gan lwyr arfaethu dal pob nwyd a dawn
   A gadael fyth yn anrhaith yr ystad
A driniais yn gariadus fore a nawn,
   Dan wylio'r egin ir yn hollti'r had,
Gwae fi o'm tynged, oni ddringaf i
   I ben y clogwyn draw a dodi llef
Yn erbyn yr ysbeilwyr. Traidd fy nghri
   I ddyfnder daear ac i entrych nef.
Nid ildiaf ronyn: dof yn ieuanc rydd,
Mi wn, o'r sgarmes fawr, pan ddêl ei dydd.

1923

Paradwys

Ni roddes Duw i'r doeth ddim namyn gwae
   O wybod dyrys ffyrdd Ei arfaeth Ef
A dysgu canfod bywyd fel y mae –
   Y gweld sy'n gwneuthur uffern o bob nef;
Ac wrth hau gwreichion hyd ei ddellni du,
   A thaflu golau creulon ar ei rawd,
A dangos rhin gogoniant lliwiau lu
   A'r hud sydd yng nghelfyddyd bys a bawd,
Fe ladratawyd defnydd pob mwynhad
   Sy'n gwneuthur bod mewn byd i ddyn yn fyw,
A throi pob dylni drud yn wybod rhad
   Trwy afradlonedd Hollgyfoethog Dduw.
Ymffrostiaf bellach yn f'ymennydd pŵl –
Nid oes paradwys fel paradwys ffŵl.

1924

Y Rheswm

Nid am fod brigyn briw ar goeden ir
   Yn gwyro tua'r llawr yn llipryn claf,
A'i dipyn dail ar wasgar hyd y tir
   Yn efelychu hydref yn yr haf;
Nid am fod haen o niwl ar Ben-y-cefn
   Yn esgus bod yn eira cyn ei bryd,
A'i arian luwch ar hyd y geufron lefn
   Fel petai'r gaeaf eisoes dros y byd;
Nid am in weld fel hyn, yn nyddiau'r cŵn,
   Ysmaldod cainc a niwl a'u hofer gais
I rusio'r haf i ffwrdd, y clywaist sŵn
   Rhyw chwithdod oer annhymig yn fy llais,
Ond am fod ynof fis Gorffennaf ffôl
Yn ciprys gydag Ebrill na ddaw'n ôl.

1930

Tŷ'r Ysgol

Mae'r cyrn yn mygu er pob awel groes,
   A rhywun yno weithiau'n sgubo'r llawr
Ac agor y ffenestri, er nad oes
   Neb yno'n byw ar ôl y chwalfa fawr;
Dim ond am fis o wyliau, mwy neu lai,
   Yn Awst, er mwyn cael seibiant bach o'r dre
A throi o gwmpas dipyn, nes bod rhai
   Yn synnu'n gweld yn symud hyd y lle;
A phawb yn holi beth sy'n peri o hyd
   I ni, sydd wedi colli tad a mam,
Gadw'r hen le, a ninnau hyd y byd –
   Ond felly y mae-hi, ac ni wn paham,
Onid rhag ofn i'r ddau sydd yn y gro
Synhwyro rywsut fod y drws ynghlo.

1931

Moelni

Nid oedd ond llymder anial byd di-goed
   O gylch fy ngeni yn Eryri draw,
Fel petai'r cewri wedi bod erioed
   Yn hir lyfnhau'r llechweddau ar bob llaw;
A thros fy magu, drwy flynyddoedd syn
   Bachgendod yn ein cartref uchel ni,
Ymwasgai henffurf y mynyddoedd hyn,
   Nes mynd o'u moelni i mewn i'm hanfod i.
Ac os bydd peth o'm defnydd yn y byd
   Ar ôl yn rhywle heb ddiflannu'n llwyr,
A'i gael gan gyfaill o gyffelyb fryd
   Ar siawns wrth odre'r Wyddfa 'mrig yr hwyr,
Ni welir arno lun na chynllun chwaith,
Dim ond amlinell lom y moelni maith.

1931

Llyn y Gadair

Ni wêl y teithiwr talog mono bron
   Wrth edrych dros ei fasddwr ar y wlad.
Mae mwy o harddwch ym mynyddoedd hon
   Nag mewn rhyw ddarn o lyn, heb ddim ond bad
Pysgotwr unig, sydd yn chwipio'r dŵr
   A rhwyfo plwc yn awr ac yn y man,
Fel adyn ar gyfeiliorn, neu fel gŵr
   Ar ddyfroedd hunlle'n methu cyrraedd glan.
Ond mae rhyw ddewin â dieflig hud
   Yn gwneuthur gweld ei wyneb i mi'n nef,
Er nad oes dim gogoniant yn ei bryd,
   Na godidowgrwydd ar ei lannau ef –
Dim byd ond mawnog a'i boncyffion brau,
Dau glogwyn, a dwy chwarel wedi cau.

1913

Anwadalwch

Os bydd ymylon môr yn bygwth rhoi
   Gefynnau cyfrwys am fy nhraed i'm dal,
Bydd rhan ohonof i yn wyllt am ffoi
   O'r feiston isel i'r mynyddoedd tal;
Ac os bydd heulwen haf yn cynllwyn creu
   Gwe o hudoliaeth melyn am fy mhen,
Bydd y rhan honno eilwaith yn dyheu
   Am weld y gaeaf gyda'i fantell wen;
Nes troi pob aidd yn anwadalwch prudd
   Wrth flysio mynd i fangre lle nid yw
Ac ysu bod ar adeg pan na bydd,
   Gan rwygo fy serchiadau. Nid wy'n byw
Un amser nac yn unlle'n gyfan oll:
Mae darn o hyd ar grwydyr neu ar goll.

1931

Ymwelydd

Os daeth llygedyn bach o rywbeth gwell
  Na phridd y ddaear rywfodd ar ei hynt
O wyll disymud yr wybrennau pell
  'Gylch Gŵyl y Grog ar nos fy ngeni gynt,
A rhoi i gnawd oedd newydd, beth o rin
  Yr angerdd hwnnw sydd yn bywiocáu,
Nes peri bod fy muchedd ar y ffin
  Rhwng nef a llawr – heb fod yn un o'r ddau;
Os do, fe'i gwelir eto maes o law,
  Pan fydd cawodydd Medi yn crynhoi
O amgylch man fy ngeni, yn y glaw
  Yn gloyw ddisgwyl am yr awr i ffoi
Adref o nos y byd a'i siomi brwnt,
I dwllwch diedifar y tu hwnt.

1931

Tynfa

Os ydyw afon Gwyrfai wedi troi
   Düwch ei dyfroedd trwy fy ngwaedlif i,
A rhyw dynghedfen dywyll wedi rhoi
   Yn llais i minnau sŵn di-sôn ei lli;
Ac os yw bryniau Arfon ar bob llaw
   Yn gwylio'n eiddigeddus gwrs ei thaith,
Fel y gwarchaeant beunydd oddi draw
   Ar dro fy ngyrfa innau, ŵyl a gwaith;
Nid rhyfedd, canys y mae'r fan a roes
   Ein cychwyn gyda'n gilydd, yn parhau
Ynglŷn wrth ein crwydriadau, ac nid oes
   Dim a'u hysgaro, nes ein bod ein dau,
Er ymwahanu, yn trafaelio ynghyd,
Yn mynd, ac wedi mynd, ond yno o hyd.

1931

Dychwelyd

Ni all terfysgoedd daear byth gyffroi
   Distawrwydd nef; ni sigla lleisiau'r llawr
Rymuster y tangnefedd sydd yn toi
   Diddim diarcholl yr ehangder mawr;
Ac ni all holl drybestod dyn a byd
   Darfu'r tawelwch nac amharu dim
Ar dreigl a thro'r pellterau sydd o hyd
   Yn gwneuthur gosteg â'u chwyrnellu chwim.
Ac am nad ydyw'n byw ar hyd y daith,
   O gri ein geni hyd ein holaf gŵyn,
Yn ddim ond crych dros dro neu gysgod craith
   Ar lyfnder esmwyth y mudandod mwyn,
Ni wnawn, wrth ffoi am byth o'n ffwdan ffôl,
Ond llithro i'r llonyddwch mawr yn ôl.

1931

Gweddill

Pan bennwyd gan y dynged sydd yn troi
    Troell ein naturiaeth ddianwadal ni,
Pa riniau yr ydoedd fy rhieni i'w rhoi,
    Rhoes ef ei gerdd a hithau ei nwyd i mi.
A minnau'r mab a lynais wrthynt hwy
    A'u coledd fel petaent deganau brau,
Gan ymddigrifo ynddynt fwy a mwy,
    Heb adael i'w gorawen fyth lesgáu.
Ac er i'r ddau a'u rhoes fynd yn eu tro
    I'w siwrnai ddi-droi'n-ôl pan ddaeth eu pryd,
Gan newid hen gynefin am y gro,
    Nid wyf yn llwyr amddifad yn y byd,
Cans tra bo cerdd yn swyn a nwyd yn fflam,
Bydd gennyf innau ran o dad a mam.

1931

Atgno

Gresyn im esgeuluso mor ddi-hid
   Groniclo'r cyffroadau gynt a gawn
Ar hwyr a bore mewn perlewyg prid,
   Ac ym myfyrdod moethus hir brynhawn,
Gan dybied y doent eilwaith yn eu tro
   Ar wyliau coch eu calendr tua thref,
A dwyn hen gynyrfiadau er cyn co'
   Yng ngwib y gwyntoedd o gilfachau'r nef;
Nes canfod, wrth im ddisgwyl mwy na mwy,
   Pan dreiglo dydd a phan fo nos yn cau,
Nad oes ond unwaith prin i'w dyfod hwy,
   Nad ydyw hoen eu haros yn parhau,
Ac na ddaw dim yn ôl o'r pedwar gwynt –
Dim ond rhyw frithgo' am ryw gyffro gynt.

1931

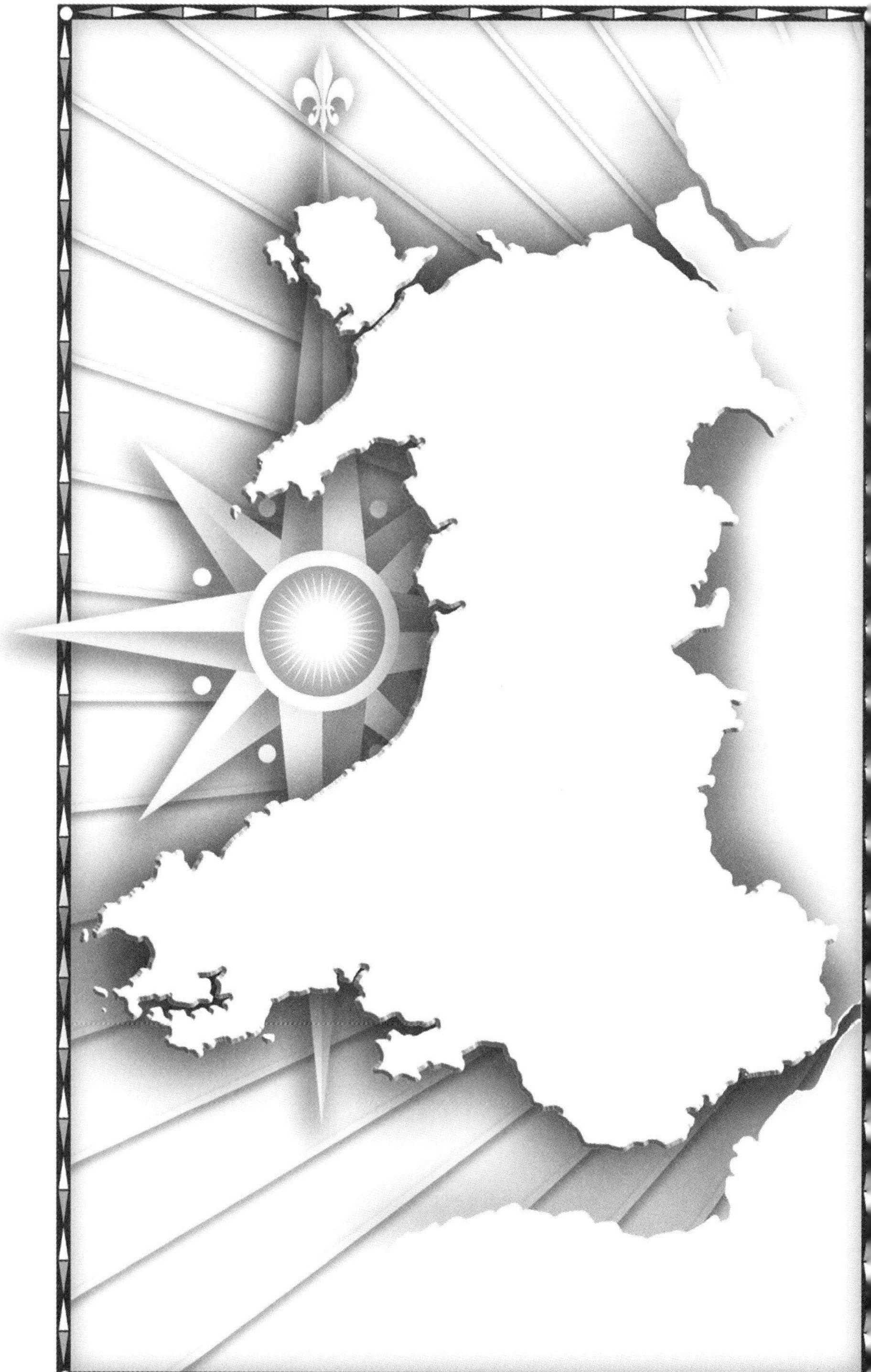